TEOLOGIA DO PAPA FRANCISCO

IGREJA DOS POBRES

FRANCISCO DE AQUINO JÚNIOR

Dados Internacionais de Catalogação na Publicação (CIP)
(Câmara Brasileira do Livro, SP, Brasil)

Aquino Júnior, Francisco de
  Igreja dos pobres / Francisco de Aquino Júnior. – São Paulo : Paulinas,
2018. – (Coleção teologia do Papa Francisco)

  ISBN 978-85-356-4383-1

  1. Francisco, Papa, 1936- 2. Igreja e pobres 3. Igreja e problemas
sociais 4. Obra da Igreja juntos aos pobres 5. Pobreza - Aspectos religiosos
6. Teologia - Aspectos sociais I. Título II. Série.

18-13389   CDD-261.832

Índice para catálogo sistemático:
  1. Igreja Católica : Papas : Magistério pastoral   262.13

1ª edição – 2018
1ª reimpressão – 2018

Direção-geral:	Flávia Reginatto
Conselho editorial:	Dr. Antonio Francisco Lelo
	Dr. João Décio Passos
	Maria Goretti de Oliveira
	Dr. Matthias Grenzer
	Dra. Vera Ivanise Bombonatto
Editores responsáveis:	Vera Ivanise Bombonatto
	João Décio Passos
Copidesque:	Ana Cecilia Mari
Coordenação de revisão:	Marina Mendonça
Revisão:	Sandra Sinzato
Gerente de produção:	Felício Calegaro Neto
Diagramação:	Jéssica Diniz Souza

Nenhuma parte desta obra poderá ser reproduzida ou transmitida
por qualquer forma e/ou quaisquer meios (eletrônico ou mecânico,
incluindo fotocópia e gravação) ou arquivada em qualquer sistema ou
banco de dados sem permissão escrita da Editora. Direitos reservados.

Paulinas

Rua Dona Inácia Uchoa, 62
04110-020 – São Paulo – SP (Brasil)
Tel.: (11) 2125-3500
http://www.paulinas.com.br – editora@paulinas.com.br
Telemarketing e SAC: 0800-7010081

© Pia Sociedade Filhas de São Paulo – São Paulo, 2018

IGREJA DOS POBRES

TEOLOGIA DO PAPA FRANCISCO

A presente coleção TEOLOGIA DO PAPA FRANCISCO resgata e sistematiza os grandes temas teológicos dos ensinamentos do papa reformador. Os pequenos volumes que compõem mais um conjunto da Biblioteca Francisco retomam os grandes temas da tradição teológica presentes no fundo e na superfície desses ensinamentos tão antigos quanto novos, oferecidos pelo Bispo de Roma. São sistematizações sucintas e didáticas; gotas recolhidas do manancial franciscano que revitalizam a Igreja e a sociedade por brotarem do coração do Evangelho.

CONHEÇA OS TÍTULOS DA COLEÇÃO:

ESPÍRITO SANTO
Victor Codina

IGREJA DOS POBRES
Francisco de Aquino Júnior

IGREJA SINODAL
Mario de França Miranda

ORGANIZAÇÕES POPULARES
Francisco de Aquino Júnior

INTRODUÇÃO

A centralidade dos pobres e marginalizados e das pessoas em situação de sofrimento em geral é, sem dúvida nenhuma, a característica mais marcante e o aspecto mais determinante do ministério pastoral do Papa Francisco. Eles ocupam o centro de suas preocupações, de sua agenda, de suas homilias, de seus discursos e de suas orientações pastorais. E estão no centro de seus gestos mais impactantes e proféticos. Não são apenas uma questão ou um tema entre outros, mas constituem o coração mesmo de sua vida e de seu ministério. A ponto de se poder reconhecê-lo e nomeá-lo como homem/bispo da misericórdia, no sentido de ter o coração cheio dos miseráveis deste mundo ou de dar o coração aos miseráveis deste mundo. Isso é um fato que se pode constatar sem maiores dificuldades e esforços.

Mas captar a densidade teológica desse fato e, sobretudo, aceitá-la e assumi-la com todas as suas consequências teológicas e pastorais não é nada evidente, nem simples, nem tranquilo. Na melhor das hipóteses isso aparece como consequência da fé ou como desafio pastoral, mas não como o mais central e o mais determinante da fé. Em linguagem teológica convencional, bem ou mal-intencionada, seria uma questão pastoral (importante, necessária), mas não uma questão dogmática (essencial e fundamental). E esse é o ponto que nos interessa aqui.

Queremos mostrar como a insistência de Francisco na centralidade dos pobres, marginalizados e sofredores na Igreja, não é algo conjuntural nem secundário, mas algo constitutivo e determinante de sua identidade; uma dimensão e uma verdade fundamentais da fé; uma questão de ortopráxis eclesial e de ortodoxia teológica. E por essa razão deve ser tomada como uma "nota" fundamental da Igreja.

Para isso, partiremos de uma apresentação do tema tal como aparece na Exortação apostólica *Evangelii Gaudium* e mostramos em que sentido o "ser dos pobres" constitui "uma nota eclesiológica fundamental". Tão fundamental quanto as clássicas "notas" que aparecem no símbolo niceno-constantinopolitano (una, santa, católica, apostólica), embora sua formulação em termos dogmáticos seja recente e careça ainda de maiores desenvolvimentos e elaborações.

1

"UMA IGREJA POBRE E PARA OS POBRES"

ABORDAGEM TEOLÓGICO-PASTORAL NA EXORTAÇÃO APOSTÓLICA *EVANGELII GAUDIUM*

O projeto de "uma Igreja pobre e para os pobres" está no centro das preocupações e orientações pastorais de Francisco e é a marca evangélica mais característica de seu ministério pastoral. É o que o vincula de modo mais visível e radical à boa notícia do reinado de Deus, centro da vida e missão de Jesus de Nazaré. Aqui está o núcleo e a pedra de toque de seu ministério e do movimento de "conversão" e/ou "reforma" pastoral por ele desencadeado e conduzido.

Não é preciso retomar e repetir as muitas afirmações e os muitos gestos de Francisco que indicam e sinalizam "uma Igreja pobre e para os pobres": *pobre no jeito de ser* (simplicidade e austeridade no modo de vida e nas expressões simbólico-rituais, despojada dos privilégios e das seduções de poder) e *comprometida com os pobres* (proximidade física dos pobres e defesa de seus direitos, prioridade pastoral). São amplamente divulgados nos meios de comunicação e, assim, de domínio público. Curiosamente, parecem repercutir e impactar positivamente muito mais em outros setores da sociedade que na Igreja ou pelo menos nas instâncias de governo da Igreja.

Aqui, interessa-nos apenas explicitar os fundamentos teológicos da centralidade dos pobres na Igreja apresentados por Francisco, bem como o modo como ele compreende, vive e re-propõe pastoralmente a "opção pelos pobres" para toda Igreja. Para isso, tomaremos como referência sua Exortação apostólica *Evangelii Gaudium* (*EG*), onde apresenta de maneira oficial e mais ordenada sua concepção de Igreja e suas preocupações e orientações pastorais.

1. Fundamentos teológicos

Francisco afirma de modo claro e contundente que "para a Igreja, a opção pelos pobres é mais uma categoria teológica que cultural, sociológica, política ou filosófica" (EG, 198): "no coração de Deus, ocupam lugar preferencial os pobres" (EG, 197) e "esta preferência divina tem consequências na vida de fé de todos os cristãos" (EG, 198) e do conjunto da Igreja. "Inspirada por tal preferência, a Igreja fez uma *opção pelos pobres*, entendida como uma 'forma especial de primado da prática da caridade cristã, testemunhada por toda tradição da Igreja'" [João Paulo II]; uma *opção* que "está implícita na fé cristológica naquele Deus que se fez pobre por nós, para enriquecer-nos com sua pobreza" [Bento XVI] (EG, 198). Nesse contexto, apresenta e justifica seu desejo de "uma Igreja pobre para os pobres" (EG, 198).

Percorrendo vários textos da Escritura e a reflexão da Igreja ao longo dos séculos, particularmente nas últimas décadas, Francisco vai mostrando como "todo o caminho da nossa redenção está assinalado pelos pobres" (EG, 197) e insistindo, a partir daí, na "conexão íntima que existe entre evangelização e promoção humana" (EG, 178), bem como no primado ou privilégio dos pobres na ação evangelizadora da Igreja:

> Não devem subsistir dúvidas nem explicações que debilitem esta mensagem claríssima. Hoje e sempre, "os pobres são os destinatários privilegiados do Evangelho", e a evangelização dirigida gratuitamente a eles é sinal do Reino que Jesus veio trazer. Há que afirmar sem rodeios que existe um vínculo indissolúvel entre nossa fé e os pobres (EG, 48).

Ficar "surdo" ao clamor dos pobres "coloca-nos fora da vontade do Pai e do seu projeto"; "a falta de solidariedade, nas suas necessidades, influi diretamente sobre nossa relação com Deus" (EG, 187). E nisso não há dúvidas, titubeio ou meias palavras. A opção pelos pobres pertence ao coração do Evangelho do reinado de Deus e, enquanto tal, ela é constitutiva (e não meramente consecutiva e opcional!) da fé cristã.

Nesse sentido, pode-se compreender o fato de Francisco falar, às vezes, simplesmente, de "opção pelos pobres" (EG, 195, 198), sem os receios, os escrúpulos e as ponderações que, em décadas anteriores, se traduziam numa série de adjetivos (preferencial, não exclusiva nem excludente etc.) que, mais que explicitar e precisar seu sentido, terminavam por enfraquecê-la e torná-la irrelevante na vida da Igreja: Já em *Puebla*, a "opção pelos pobres" é afirmada como "opção preferencial e solidária" (1134) e "não exclusiva" (1165), num tom claramente corretivo, como se pode comprovar no próprio texto (cf. 1134). *Santo Domingo* segue o mesmo caminho, falando de uma "opção evangélica e preferencial, não exclusiva nem excludente" (178). E *Aparecida*, mesmo sem o tom corretivo de Puebla e Santo Domingo, não deixa de reafirmar ou advertir que se trata de uma opção "não exclusiva, nem excludente" (392).

E, nesse mesmo sentido, pode-se compreender também sua reação contra as tentativas (teológico-ideológicas!) de relativizar e enfraquecer a opção pelos pobres: "É uma mensagem tão clara, tão direta, tão simples e eloquente que nenhuma hermenêutica eclesial tem o direito de relativizá-la. A reflexão da Igreja sobre esses textos não deveria ofuscar nem enfraquecer seu sentido exortativo, mas antes ajudar a assumi-los com coragem e ardor. Para que complicar o que é tão simples? As elaborações conceituais hão de favorecer o contato com a realidade que pretendem explicar, e não nos afastar dela. Isso vale, sobretudo, para as exortações bíblicas que convidam, com tanta determinação, ao amor fraterno, ao serviço humilde e generoso, à justiça, à misericórdia para com o pobre" (EG, 194).

Continua tendo "uma grande atualidade" o "critério-chave de autenticidade" eclesial indicado pelo chamado Concílio de Jerusalém: não esquecer os pobres (Gl 2,10). Se há "um sinal que nunca deve faltar" entre nós, é "a opção pelos últimos, por aqueles que a sociedade descarta e lança fora" (EG, 195). Aqui se joga e se mede a autenticidade, a fidelidade e a credibilidade evangélicas da Igreja.

2. Ação pastoral

Os fundamentos teológicos da "opção pelos pobres" são claros: "deriva da nossa fé em Jesus Cristo" (EG, 186), "deriva da própria obra libertadora da graça em cada um de nós" (EG, 188). Não é uma questão meramente opcional. É algo constitutivo da fé cristã (cf. EG, 48). Por isso mesmo, os cristãos e as comunidades cristãs "são chamados, em todo lugar e circunstância, a ouvir o clamor dos pobres" (EG, 191) e a "ser instrumentos de Deus a serviço da libertação e promoção dos pobres" (EG, 187).

Mas é preciso explicitar quem são os pobres aos quais Francisco se refere e como ele compreende e propõe pastoralmente a "opção pelos pobres" na Igreja.

A) Expressão "pobre"

A expressão "pobre" tem um sentido bastante amplo para Francisco, mas não tão amplo a ponto de, cinicamente, incluir-nos a todos, como se todos fôssemos pobres. Isso, além de encobrir as injustiças e desigualdades sociais e falsificar a realidade, terminaria, na prática, negando a opção pelos pobres. Afinal, se somos todos pobres, a opção pelos pobres é opção por todos. E quando todos se tornam prioridade, ninguém mais é prioridade.

Sem dúvida, em sua ação missionária, a Igreja "há de chegar a todos, sem exceção", mas privilegiando "não tanto aos amigos e vizinhos ricos, mas sobretudo aos pobres e aos doentes, àqueles que muitas vezes são desprezados e esquecidos" (EG, 48). Francisco tem falado muitas vezes de "periferia" para se referir ao mundo dos pobres como destinatários privilegiados da ação evangelizadora. A Igreja tem que se voltar para as periferias do mundo – "todas as periferias" (EG, 20, 30, 59): as periferias sociais e as periferias existenciais. Ela tem que "cuidar dos mais frágeis da terra" (EG, 209). Falando das "novas formas de pobreza e de fragilidade", ele faz referência aos sem abrigo, aos toxicodependentes, aos refugiados, aos povos indígenas, aos idosos, aos migrantes, às mulheres, aos nascituros e ao conjunto da criação (EG, 210-215). De modo que, quando fala de "pobre" e/ou de "periferia", Francisco fala dos excluídos (econômica, social, política, culturalmente etc.), dos pequenos, dos que sofrem, enfim, "dos mais frágeis da terra". Esses, precisamente, têm que estar no centro das preocupações e prioridades pastorais da Igreja.

B) Orientações pastorais

Essas preocupações e prioridades devem se concretizar na vida dos cristãos e das comunidades cristãs. Não se pode ficar apenas nos "grandes princípios" e em "meras generalizações". É preciso agir; "incidir com eficácia" nas situações de pobreza e sofrimento (cf. EG, 182). E aqui não existe receita. Depende das circunstâncias e das possibilidades de ação. Exige muita lucidez, criatividade e ousadia (cf. EG, 51, 184). Mesmo assim, Francisco faz algumas advertências e apresenta algumas diretrizes para dinamizar pastoralmente a opção pelos pobres na vida da Igreja.

Antes de tudo, a intuição e a novidade maior que vêm de Medellín e que foram se impondo teórica e pastoralmente na Igreja da América Latina e que são, sem dúvida, a contribuição maior de nossa Igreja para o conjunto da Igreja: A opção pelos pobres "envolve tanto a cooperação para resolver as causas estruturais da pobreza e promover o desenvolvimento integral dos pobres, como os gestos mais simples e diários de solidariedade para com as misérias muito concretas que encontramos" (EG, 188); passa não só através dos gestos pessoais e comunitários de solidariedade, mas também através da luta pela transformação das estruturas da sociedade.

Mas, além dessa intuição e orientação mais fundamental, e como seu desenvolvimento, Francisco indica, a partir de sua própria experiência pastoral, alguns aspectos ou exigências da opção pelos pobres que bem podem ser entendidos como uma pedagogia ou um itinerário no compromisso com os pobres e que, no fundo, revelam sua compreensão e seu modo de viver a opção pelos pobres.

Em primeiro lugar, a proximidade física dos pobres e o esforço por socorrê-los em suas necessidades imediatas. É preciso escutar o "clamor do pobre" e estar disposto a "socorrê-lo" (EG,187). Tudo começa com a "atenção" prestada ao pobre. "Esta atenção amiga é o início de uma verdadeira preocupação pela sua pessoa e, a partir dela, desejo procurar efetivamente o seu bem." A "autêntica opção pelos pobres" se caracteriza por um "amor autentico" e desinteressado aos pobres, o que impede tanto sua redução a um ativismo assistencialista quanto sua utilização ideológica "ao serviço de interesses individuais ou políticos". É no contexto mais amplo da "atenção" e do "amor" aos pobres que as "ações" e os "programas de promoção e assistência" devem ser desenvolvidos, e é "unicamente a partir desta proximidade real e cordial que podemos acompanhá-los adequadamente no seu caminho de libertação". Essa é "a maior e mais eficaz apresentação da boa-nova do Reino", e é isso que possibilitará aos pobres se sentirem "em casa" na comunidade eclesial (EG, 199).

Em segundo lugar, o "cuidado espiritual" com os pobres. "A imensa maioria dos pobres possui uma especial abertura à fé; tem necessidade de Deus e não podemos deixar de lhe oferecer a sua amizade, a sua bênção, a sua Palavra; a celebração dos sacramentos e a proposta de um caminho de crescimento e amadurecimento na fé."[1] Daí por que "a opção preferencial pelos pobres deve traduzir-se, principalmente, numa solicitude religiosa privilegiada e prioritária". Francisco chega a afirmar que "a pior discriminação que sofrem os pobres é a falta de cuidado espiritual" (EG, 200). Mas isso não significa que os pobres sejam meros objetos de assistência religiosa. Eles têm um "potencial evangelizador" (Puebla, 1147). E "é necessário que todos nos deixemos

---

[1] Francisco fala, aqui, sem dúvida, a partir do contexto argentino e latino-americano, profundamente marcado pela tradição "cristão-católica". Haveria que se perguntar se isso vale, e em que medida, para outros contextos não tão fortemente marcados pelo cristianismo como a Ásia ou profundamente secularizados como a Europa. Em todo caso, e mesmo considerando que "esta exortação se dirige aos membros da Igreja Católica" (EG, 2000), não parece que o "cuidado espiritual" dos pobres possa se dar da mesma forma em ambientes culturais e religiosos tão distintos como América Latina, Ásia e Europa.

evangelizar por eles. A nova evangelização é um convite a reconhecer a força salvífica das suas vidas, e a colocá-los no centro do caminho da Igreja. Somos chamados a descobrir Cristo neles: não só a emprestar-lhes a nossa voz nas suas causas, mas também a ser seus amigos, a escutá-los, a compreendê-los e a acolher a misteriosa sabedoria que Deus nos quer comunicar através deles" (EG, 198).

Em terceiro lugar, a vivência e o fortalecimento de uma cultura da solidariedade. Isso "significa muito mais do que alguns atos esporádicos de generosidade; supõe a criação de uma nova mentalidade que pense em termos de comunidade, de prioridade da vida de todos sobre a apropriação dos bens por parte de alguns" (EG, 188), e que enfrente e supere a "cultura do descartável" (EG, 53), o "ideal egoísta" e a "globalização da indiferença" que se desenvolveram e se impuseram em nosso mundo, tornando-nos "incapazes de nos compadecer ao ouvir os clamores alheios" e nos desresponsabilizando diante de suas necessidades e de seus sofrimentos (EG, 54, 67). "A solidariedade é uma reação espontânea de quem reconhece a função social da propriedade e o destino universal dos bens." Tem a ver com convicções e práticas. E é fundamental, inclusive, para a realização e a viabilidade de "outras transformações estruturais" na sociedade, pois "uma mudança nas estruturas, sem gerar novas convicções e atitudes, fará com que essas mesmas estruturas, mais cedo ou mais tarde, se tornem pesadas e ineficazes" (EG, 189).

Em quarto lugar, o enfrentamento das causas estruturais da pobreza e da injustiça no mundo. "Embora 'a justa ordem da sociedade e do Estado seja dever central da política', a Igreja 'não pode nem deve ficar à margem na luta pela justiça'" (EG, 183). E essa é uma tarefa urgente em nosso mundo.

A necessidade de resolver as causas estruturais da pobreza não pode esperar [...]. Os planos de assistência, que acorrem a determinadas emergências, deveriam considerar-se como respostas provisórias. Enquanto não forem solucionados os problemas dos pobres, renunciando à autonomia absoluta dos mercados e da especulação financeira e atacando as causas estruturais da desigualdade social, não se resolverão os problemas do mundo e, em definitivo, problema algum. A desigualdade é a raiz dos males sociais (EG, 202).

E precisa ser enfrentada com responsabilidade e radicalidade. Temos que dizer NÃO a uma "economia da exclusão" (EG, 53s), à "nova idolatria do dinheiro" (EG, 55s), a "um dinheiro que governa em vez de servir" (EG, 57s), à "desigualdade social que gera violência" (EG, 59s). "Não podemos mais confiar nas forças cegas e na mão invisível do mercado" (EG, 204). E temos que lutar por uma nova "política econômica" (cf. EG, 203) que garanta condições de vida decente para todos (cf. EG, 192). Sem isso, não é possível nenhum "consenso" social autêntico nem haverá paz no mundo (cf. EG, 218).

Por fim, é importante enfatizar que a opção pelos pobres não é "uma missão reservada apenas a alguns" (EG,188). É tarefa de todos. "Ninguém deveria dizer que se mantém longe dos pobres, porque as suas opções de vida implicam prestar mais atenção a outras incumbências"; "ninguém pode sentir-se exonerado da preocupação pelos pobres e pela justiça social" (EG, 201). "Todos os cristãos, incluindo os pastores, são chamados a preocupar-se com a construção de um mundo melhor", unindo-se, nessa tarefa, às "demais Igrejas e comunidades eclesiais" (EG, 183). "Cada cristão e cada comunidade são chamados a ser instrumentos de Deus ao serviço da libertação e da promoção dos pobres" (EG, 187). Uma comunidade que não se compromete criativamente com a causa dos pobres, "facilmente acabará submersa pelo mundanismo espiritual, dissimulado em práticas religiosas, reuniões infecundas ou discursos vazios" (EG, 207).

2

"IGREJA *DOS* POBRES"

UMA NOTA ECLESIOLÓGICA FUNDAMENTAL

A característica mais importante e mais determinante do ministério pastoral de Francisco como bispo de Roma é sua insistência teológico-pastoral na centralidade dos pobres e marginalizados e de todas as pessoas que sofrem na vida e missão da Igreja. Eles estão no coração da Igreja e marcam radical e definitivamente sua identidade e sua missão no mundo. A tal ponto que ela se constitui como "Igreja pobre para pobres" ou "Igreja em saída para as periferias". Embora não esgote o mistério da Igreja, o ser "dos pobres" ou a "opção pelos pobres" ou o compromisso com os pobres ou o movimento de saída para as periferias, pouco importa aqui a expressão, é de tal modo constitutivo da Igreja que sem isso ela deixa de ser Igreja de Jesus Cristo – sinal e instrumento de salvação ou do reinado de Deus neste mundo.

Não é preciso deter-se em mostrar como isso aparece no ministério pastoral de Francisco em seus discursos, em seus gestos e em suas orientações. É algo tão frequente, tão público e tão impactante, que pode ser constatado e reconhecido sem dificuldade nem necessidade de maiores demonstrações e justificações. Nem é preciso advertir que o tema em questão não esgota o mistério da Igreja. Que o ser "dos pobres" seja uma característica ou uma nota fundamental da Igreja não significa que esgote o mistério da Igreja. Nesse sentido, nossa reflexão deve ser tomada como um tópico fundamental de eclesiologia: *fundamental* por tratar de algo que marca constitutiva e radicalmente o mistério da Igreja em sua totalidade; *tópico* por se tratar de algo que nem esgota o mistério da Igreja nem pode ser considerado de modo absoluto, isto é, separado e/ou independente da realidade total da Igreja.

Nossa pretensão, aqui, é muito mais modesta e pontual. Queremos simplesmente mostrar como essa insistência de Francisco na centralidade dos pobres e marginalizados e da humanidade sofredora em geral na Igreja não é algo conjuntural nem secundário, mas sim constitutivo e determinante de sua identidade. E, por essa razão, deve ser tomado teológica e pastoralmente como uma "nota" fundamental da Igreja. Uma verdade de fé (ortodoxia) a ser verificada ou feita verdade na vida e missão da Igreja (ortopráxis). Trata-se, portanto, de uma abordagem sistemático-dogmática do tema, que consiste em explicitar o caráter dogmático dessa verdade de fé e situá-lo no horizonte mais amplo do mistério da Igreja como um tópico fundamental de eclesiologia.

Para isso, esboçaremos a problemática do mistério da Igreja e sua formulação em termos de "notas" eclesiológicas e mostraremos em que sentido o "ser dos pobres" deve ser tomado teológica e pastoralmente como uma "nota" fundamental da Igreja de Jesus Cristo, isto é, como "uma nota eclesiológica fundamental".

1. A problemática eclesiológica e sua formulação em termos de notas eclesiais

Enquanto abordagem teológico-sistemática da Igreja, a eclesiologia é algo relativamente recente na teologia e tem uma história muito complexa e controvertida.[1] É claro que a Igreja sempre se confrontou com a problemática de sua identidade e sempre desenvolveu formas de expressar narrativa e/ou conceitualmente a imagem e compreensão que

---

[1] Cf. FRIES, Heinrich. Modificação e evolução histórico-dogmática da imagem da Igreja. In: FEINER, Johannes; LOEHRER. *Mysterium salutis IV/2*. Petrópolis: Vozes, 1975, p. 5-59; CODINA, Victor. *Para compreender a eclesiologia a partir da América Latina*. São Paulo: Paulinas, 1993; VELASCO, Rufino. *A Igreja de Jesus*: processo histórico da consciência eclesial. Petrópolis: Vozes, 1996; HAIGHT, Roger. *A comunidade cristã na histórica*: Eclesiologia histórica. São Paulo: Paulinas, 2012, v. 1; id. *A comunidade cristã na história*: eclesiologia comparada. São Paulo: Paulinas, 2012; KEHL, Medard. *A Igreja*: uma eclesiologia católica. São Paulo: Loyola, 1997, p. 22-35; PIÉ-NINOT, Salvador. *Introdução à eclesiologia*. São Paulo: Loyola, 1998, p. 13-26; KASPER, Walter. *A Igreja católica*: essência, realidade, missão. São Leopoldo: Unisinus, 2012, p. 98-106.

tinha de si mesma. Mas nem na Escritura nem na Patrística nem sequer na Alta Idade Média encontra-se uma abordagem ou um tratado sistemático sobre a Igreja. As reflexões e afirmações sobre a Igreja estão dispersas nos vários escritos, temas e tratados desenvolvidos pelos pastores e/ou teólogos. Mais que tema de um tratado teológico, a Igreja aparece aí como *locus* de toda teologia. Mais que de eclesiologia em sentido estrito, deve-se falar aqui da eclesialidade de toda teologia.

Só no contexto das controvérsias com o conciliarismo na Idade Média Tardia e, sobretudo, com a reforma no início da modernidade é que se vai desenvolvendo e se consolidando uma reflexão mais sistemática sobre a Igreja. Não obstante alguns esboços eclesiológicos desenvolvidos nos séculos XIV e XV, a começar pela obra de Tiago de Viterbo, *De regimine christiano* (1301-1302), "o tratado *De vera ecclesia* só é elaborado no século XVI e se consolida, se desenvolve e se transforma incessantemente por diversos séculos até ser relançado pelo Concílio Vaticano I em 1870".[2]

O caráter polêmico-apologético dessa reflexão, sua concentração no poder hierárquico, sobretudo romano, e sua índole marcadamente jurídica foram desenvolvendo e impondo uma compreensão reducionista da Igreja que, em muitos casos, acabou reduzindo a "eclesiologia" a uma es-

---

[2] PIÉ-NINOT, op. cit., p. 16.

pécie de "hierarcologia", para usar a expressão clássica de Congar.[3] E isso terá muitas consequências no desenvolvimento da eclesiologia. Como bem afirma Victor Codina, "toda a eclesiologia do futuro estará marcada por esta origem dos primeiros tratados: será uma eclesiologia centrada no papa e na hierarquia, com acento fortemente jurídico, hierárquico, apologético".[4]

Mas é verdade também, como adverte Kasper, que "a teologia da controvérsia não reflete toda a vida da Igreja daquela época",[5] nem na teologia nem muito menos na espiritualidade. A ênfase e concentração na institucionalidade visível da Igreja e em suas estruturas de poder, não obstante os reducionismos eclesiológicos que produziram, não fizeram desaparecer completamente do horizonte de autocompreensão da Igreja sua dimensão espiritual. E isso vai ressurgir com muita força no século XIX e, sobretudo, no século XX. Nesse período vai se desenvolvendo um lento, tenso e progressivo processo de renovação teológico-eclesiológica que se enraíza nos movimentos bíblico, patrístico, litúrgico e laical e atinge seu auge e se consolida no Concílio Vaticano II: um concílio marcadamente eclesiológico; um concílio que supera os reducionismos da eclesiologia

---

[3] Cf. CONGAR, Yves. *Jalons pour une théologie du laicat*. Paris: Cerf, 1953, p. 74.

[4] CODINA, op. cit., p. 96.

[5] KASPER, op. cit., p. 101.

de controversa até então hegemônica e que alarga os horizontes de compreensão da Igreja; e um concílio que abre um novo capítulo na história da eclesiologia e desperta um renovado interesse por essa problemática.

Uma das formas ou vias privilegiadas no desenvolvimento dos tratados sobre a Igreja que é retomada pelo concílio (cf. LG, 8) e que continua muito presente na eclesiologia pós-conciliar é o que se convencionou chamar *via notarum* (via das notas), desenvolvida, sobretudo, a partir do símbolo niceno-constantinopolitano (381): "Igreja una, santa, católica e apostólica" (DH, 150). A história dessa via eclesiológica é muito complexa tanto do ponto de vista semântico, quanto do ponto de vista de sua determinação, quanto, sobretudo, do ponto de vista de sua compreensão e de seu uso.[6] E não vamos entrar nessa problemática. Aqui, interessa-nos simplesmente tomá-la como uma das maneiras possíveis de desenvolver uma reflexão sistemática sobre a Igreja e uma forma que, por estar tomada do Símbolo da Fé e pela importância, que adquiriu na história da eclesiologia, tem uma relevância e um peso muito grande na reflexão sistemático-dogmática sobre a Igreja.

---

[6] Cf. CONGAR, Yves; RASSANO, Pietro. Propriedades essenciais da Igreja. In: FEINER, Johannes; LOEHRER. *Mysterium salutis IV/3*. Petrópolis: Vozes, 1976; MOLTMANN, Jürgen. *A Igreja no poder do Espírito*. Santo André: Academia Cristã, 2013, p. 423-452; KEHL, op. cit., 117-122; PIÉ-NINOT, op. cit., p. 75-97; RAUSCH, Thomas. *Rumo a uma Igreja verdadeiramente católica*. São Paulo: Loyola, 2008, p. 155-176; KASPER, op. cit., p. 203-255.

Para além do uso polêmico-apologético dessa via na história da eclesiologia, ela tem a vantagem de situar e considerar a Igreja no contexto da história da salvação como fruto do Espírito e de indicar algumas de suas propriedades ou características fundamentais. De fato, a Igreja aparece no terceiro artigo do Símbolo da Fé ("Creio no Espírito Santo") e surge como fruto do Espírito ("Igreja una, santa, católica e apostólica"). Essas notas foram tomadas como características, propriedades, adjetivos ou dimensões fundamentais da Igreja que, em sua íntima conexão e interdependência, constituem e permitem reconhecer a Igreja de Jesus Cristo. Nas palavras de Kasper: "No fundo, essas quatro propriedades essenciais são idênticas à essência da Igreja; elas expressam concretamente a essência da Igreja sob quatro aspectos diferentes". E "são mantidas por todas as Igrejas tradicionais", constituindo, assim, "uma ampla base comum" eclesiológica, sem que isso negue as "diferenças confessionais específicas na compreensão de Igreja".[7]

Em todo caso, é claro que um Símbolo da Fé[8] não é nem pode ser tomado como um tratado ou um estudo sistemático sobre a Igreja. Menos ainda um artigo do Símbolo. Os Símbolos são breves resumos ou sumários da fé com

---

[7] KASPER, op. cit., p. 203.
[8] Cf. BARREIRO, Álvaro. *"Povo santo e pecador"*: A Igreja questionada e acreditada. São Paulo: Loyola, 1994, p. 61-65.

função e caráter pedagógicos no processo de iniciação cristã (uso catequético-litúrgico). Resumos ou sumários que, ao serem assumidos e promulgados solenemente em concílios, gozam de particular autoridade e institucionalidade na Igreja e desempenham um papel determinante na reflexão teológica (uso teológico-dogmático). Mas em hipótese alguma devem ser tomados como um tratado ou um estudo sistemático sobre a Igreja.

Daí que, se é legítimo e até necessário refletir sobre a Igreja a partir do Símbolo da Fé, concretamente do artigo que trata de modo explícito da Igreja, como tem feito a eclesiologia de sua origem aos dias atuais, é também legítimo e necessário ampliar e aprofundar a reflexão sobre a Igreja para além (não em contradição!) do que aparece explicitamente no Símbolo da Fé, como vem fazendo a eclesiologia desde o início. Nem a via das notas é a única via de desenvolvimento da eclesiologia nem as quatro notas que aparecem no Símbolo esgotam o mistério da Igreja, como se pode comprovar tanto nos tratados clássicos quanto nas obras mais recentes de eclesiologia.

Nesse sentido, é razoável e legítimo falar do ser "dos pobres" como uma nota eclesiológica fundamental. É verdade que isso não aparece no Símbolo da Fé e, por essa razão, alguém poderia objetar não ser legítimo conferir-lhe o mesmo estatuto teológico-dogmático das chamadas notas eclesiológicas. Mas é verdade também que esse é um dado fundamental da revelação e da fé, como se pode comprovar na Escritura e em toda a Tradição da Igreja, e um dado cada vez mais reconhecido e formulado em termos dogmáticos tanto pelo magistério quanto pela teologia. Isso nos permite falar de "Igreja dos pobres" em termos de "nota eclesiológica", conferindo ao "ser dos pobres" o mesmo estatuto teológico-dogmático das clássicas notas eclesiológicas. É o que tentaremos demonstrar e justificar no item seguinte.

2. O ser dos pobres como nota eclesiológica fundamental

Embora a expressão "Igreja dos pobres" seja recente na Igreja e sua elaboração em termos dogmáticos ainda não tenha alcançado um desenvolvimento teológico adequado e satisfatório, recolhe, conserva e transmite uma dimensão e/ou uma verdade fundamental da fé cristã, sem a qual o todo da fé fica gravemente comprometido quando não é radicalmente desfigurado.

No esforço de explicitar e justificar esse dado ou essa verdade fundamental da fé cristã, 1) faremos uma breve referência ao surgimento, uso e desenvolvimento da expressão "Igreja dos pobres" e indicaremos algumas expressões afins ou correlatas; 2) mostraremos como ela remete a e atualiza um dado fundamental da fé presente em toda a

Tradição da Igreja, ainda que formulado normalmente em linguagem espiritual-pastoral; e, por fim, 3) formularemos/ esboçaremos seu conteúdo teológico-dogmático em termos de "nota eclesiológica fundamental".

A) Expressão "Igreja dos pobres"

A expressão "Igreja dos pobres" remonta à mensagem do Papa João XXIII ao mundo no dia 11 de setembro de 1962 – um mês antes da abertura do Concílio Vaticano II. Falando de Cristo como luz do mundo e da missão da Igreja de irradiar essa luz em um mundo que "enfrenta graves problemas", o papa diz que a Igreja tem se voltado para esses problemas e que o concílio "poderá chegar a propostas de solução [...] com base na dignidade do ser humano e em sua vocação cristã". E passa a destacar alguns pontos importantes: "igualdade fundamental de todos os povos", "caráter sagrado do Matrimônio", "responsabilidades sociais", necessidade de uma "palavra corajosa e generosa" ante o indiferentismo religioso e o ateísmo. E, de modo surpreendente e inesperado, apresenta o que qualifica como "outro ponto luminoso": "Pensando nos países subdesenvolvidos, a Igreja se apresenta e quer ser a Igreja de todos, em particular, a *Igreja dos pobres*"[9] (grifo nosso).

---

[9] JOÃO XXIII. Mensagem radiofônica a todos os fiéis católicos, a um mês da abertura do Concílio. In: *Vaticano II*: mensagens, discursos e documentos. São Paulo: Paulinas, 2007, p. 20-26.

Gustavo Gutiérrez chamou atenção para a densidade dessa afirmação, destacando três aspectos fundamentais.[10] Em primeiro lugar, "o papa situa a Igreja em relação aos países pobres", tratados não mais como países "em via de desenvolvimento", como na *Mater et Magistra*, mas como "países subdesenvolvidos".[11] É o mistério mesmo da Igreja (libertação em Cristo, proximidade do Reino de Deus) que é pensado em sua relação essencial com os pobres. Em segundo lugar, ele "estabelece os termos de uma relação importante": "Igreja de todos" (universalidade da missão) – "Igreja dos pobres" (particularidade, predileção). "Essa dialética entre universalidade e particularidade é capital para compreender a mensagem cristã e o que Deus revela nela".[12] Por fim, em terceiro lugar, "João XXIII apresenta esse modo de ver a Igreja como uma realidade em processo". Ela "é e quer ser". Noutras palavras, "nem tudo está feito. A Igreja ainda não é tudo o que deveria ser, há um trajeto histórico a empreender".[13] Trata-se, aqui, de "um texto breve, mas no qual cada palavra é importante. Sua

---

[10] Cf. GUTIÉRREZ, Gustavo. O Concílio Vaticano II na América Latina. In: BEOZZO, José Oscar (org.). *O Vaticano II e a Igreja latino-americana*. São Paulo: Paulinas, 1985, p. 17-49, aqui p. 28-31.

[11] Ibid., p. 29.

[12] Ibid., p. 30.

[13] Ibid.

sobriedade e modéstia não devem fazer-nos esquecer seu caráter de fonte".[14]

E, de fato, ele desempenhou um papel de fonte de um movimento eclesial extremamente importante que se articulou no concílio e se consolidou na América Latina. São bastante referidas e comentadas a articulação e atuação proféticas de um grupo de padres conciliares em torno da problemática da relação entre Jesus, a Igreja e os pobres. Esse grupo, que teve como um de seus principais articuladores Dom Helder Camara, ficou conhecido como "Igreja dos pobres" e se tornou um lugar privilegiado de reflexão e articulação sobre a relação essencial entre o mistério da Igreja e os pobres e fonte de inspiração de muitas intervenções nas aulas conciliares.[15]

---

[14] Ibid.

[15] Cf. GAUTHIER, Paul. *O Concílio e a Igreja dos pobres*: "Consolai meu povo". Petrópolis: Vozes, 1967; id. *O Evangelho da justiça*. Petrópolis: Vozes, 1969; PELLETIER, Denis. Une marginalité engagée: Le groupe "Jésus, l'Église et les pauvres". In: LAMBERIGTS, M.; SOETENS, Cl.; GROOTAERS (éd.). *Les commissions conciliaires à Vatican II*. Leuven: Bibliotheek van de Faculteit Godgeleerdheid, 1996, p. 63-89; ALBERIGO, Giuseppe. *Breve história do Concílio Vaticano II*. Aparecida: Santuário, 2006, p. 39s, 56s, 62, 132s, 191s; BEOZZO, José Oscar. Presença e atuação dos bispos brasileiros no Vaticano II. In: LOPES GONÇALVES, Paulo Sérgio; BOMBONATTO, Vera Ivanise (org.). *Concílio Vaticano II*: análise e prospectivas. São Paulo: Paulinas, 2004, p. 117-162, aqui p. 147-150; CHENU, Marie-Dominique. A Igreja e os pobres no Vaticano II. *Concilium* 124 (1977), p. 61-66; GUTIÉRREZ, op. cit., p. 27-33; BARREIRO, Álvaro. *Os pobres e o Reino*: do Evangelho a João Paulo II. São Paulo: Loyola, 1983, p. 135-138; VIGIL, José Maria. *Vivendo o Concílio*: guia para a animação conciliar da comunidade cristã. São Paulo: Paulinas, 1987, p. 164-170.

Mesmo exercendo uma pressão espiritual e profética significativa sobre muitos padres conciliares, o grupo permaneceu sempre à margem do concílio e sua repercussão nos documentos aprovados foi muito tímida (cf. LG, 8; AG, 3, 5, 12; GS 1, 27, 88). A expressão "Igreja dos pobres" não aparece uma única vez nos documentos conciliares. Em todo caso, o grupo recuperou e deu visibilidade a um aspecto essencial e primordial da revelação e da fé cristãs e pôs em marcha um processo de renovação eclesial a partir e em vista da relação essencial e primordial da Igreja com os pobres, começando pelo compromisso assumido pelos membros do grupo em sua vida e ação pastoral no chamado *Pacto das Catacumbas*,[16] celebrado no dia 16 de novembro de 1965.

É na Igreja da América Latina, com a Conferência de Medellín (1968), que a "Igreja dos pobres" vai ganhando corpo e se consolidando e, a partir daí, vai se impondo no conjunto da Igreja. O tema vai se tornar central nessa conferência. Além de ser abordado em um documento específico (pobreza da Igreja), perpassa o conjunto dos documentos. E determinará os rumos da Igreja no continente. Mas, sobretudo a partir de Puebla (1979), será cada vez mais formulado em termos de "opção preferencial pelos pobres", embora a expressão "Igreja dos pobres" não tenha desaparecido da

---

[16] Cf. BEOZZO, José Oscar. *Pacto das Catacumbas*: por uma Igreja servidora e pobre. São Paulo: Paulinas, 2015.

linguagem eclesial[17] e ambas as formulações sejam tomadas como expressões correlatas ou equivalentes. A Conferência de Aparecida chega a afirmar que "a opção preferencial pelos pobres é uma das peculiaridades que marcam a fisionomia da Igreja latino-americana e caribenha" (DAp, 391). E a partir daqui vai se impondo e sendo assumida pelo conjunto da Igreja como uma de suas características fundamentais.

---

[17] Cf. ELLACURIA, Ignacio. Las bienaventuranzas, carta fundacional de la Iglesia de los pobres. In: *Escritos Teológicos II*. San Salvador: UCA, 2000, p. 417-437; id. El auténtico lugar social de la Iglesia. In: *Escritos Teológicos II*, cit., p. 439-451; id. La Iglesia de los pobres, sacramento histórico de liberación. In: *Escritos Teológicos II*, cit., p. 453-485; id. Notas teológicas sobre religiosidad popular. In: *Escritos Teológicos II*, cit., 487-498; SOBRINO, Jon. *Ressurreição da verdadeira Igreja*: os pobres, lugar teológico da eclesiologia. São Paulo: Loyola, 1982; id. La Iglesia de los pobres desde el recuerdo de monseñor Romero. *Revista Latinoamericana de Teología* 86 (2012), p. 135-155; BARREIRO, Álvaro. *Os pobres e o Reino*: do Evangelho a João Paulo II. São Paulo: Loyola, 1983; BOFF, Leonardo. *E a Igreja se fez povo*. Eclesiogênese: a Igreja que nasce da fé do povo. Petrópolis: Vozes, 1991; COMBLIN, José. *O povo de Deus*. São Paulo: Paulus, 2002, p. 88-114; AQUINO JÚNIOR, Francisco de. Igreja dos pobres: sacramento do povo universal de Deus. Tópicos de uma eclesiologia macroecumênica da libertação. In: TOMITA, Luiza; BARROS, Marcelo; VIGIL, José Maria (org.). *Pluralismo e libertação:* por uma Teologia latino-americana pluralista a partir da fé cristã. São Paulo: Loyola, 2005, p. 193-214; id. Igreja dos pobres. Do Vaticano II a Medellín e aos dias atuais. *REB*, 288 (2012), p. 807-830; id. Uma Igreja pobre e para os pobres. In: *Nas periferias do mundo*: fé – Igreja – sociedade. São Paulo: Paulinas, 2017, p. 51-77; CODINA, Victor. *Una Iglesia nazarena*: Teología desde los insignificantes. Santander: Sal Terrae, 2010; LENZ, Matias Martinho. O Concílio Vaticano II: a presença da Igreja no mundo em espírito de serviço, em especial aos mais pobres. *Revista Pistis & Práxis* 21 (2012), p. 421-440; CARIAS, Celso Pinto. Por uma Igreja pobre. Uma experiência eclesial vivida pelas CEBs. *REB*, 292 (2013), p. 849-864; KUZMA. César. Uma Igreja a partir do pobre. Interpelações teológicas e pastorais. *REB* 304 (2016), p. 844-860.

Já em sua primeira viagem ao Brasil, em 1980, o Papa João Paulo II, na visita à favela do Vidigal no Rio de Janeiro, retoma explicitamente o tema e a expressão "Igreja dos pobres". A expressão é repetida dez vezes no discurso que fez nessa comunidade.[18] E é retomada por ele de modo formal e solene em sua Carta encíclica *Redemptoris missio*, sobre a validade permanente do mandato missionário em 1990: "A Igreja em todo o mundo – afirmei durante minha viagem ao Brasil – quer ser a Igreja dos pobres" (RM, 60). Em sua Carta encíclica *Sollicitudo rei sociales* sobre a *solicitude social*, em 1987, tinha falado da "opção ou [do] amor preferencial pelos pobres" como um dos *temas* e uma das *orientações* "repetidamente ventilados pelo Magistério nos últimos tempos" (SRS, 42). E progressivamente a questão vai se impondo e sendo assumida pelo magistério e pela teologia como dimensão constitutiva e essencial da fé cristã, formulada comumente em termos de "opção preferencial pelos pobres".

Não seria exagero nem reducionismo afirmar que a insistência na centralidade dos pobres e marginalizados na revelação, na fé e na teologia cristãs é a marca ou característica mais determinante das teologias da libertação e seu aporte mais importante para o conjunto da Igreja. A ques-

---

[18] Cf. JOÃO PAULO II. Visita à favela do Vidigal. In: id. *A palavra de João Paulo II no Brasil*: discursos e homilias. São Paulo: Paulinas, 1980, p. 59-67.

tão tem sido repetidamente retomada e desenvolvida, seja em termos de "Igreja dos pobres", seja em termos de "opção pelos pobres", tomadas, normalmente, como expressões equivalentes ou correlatas. Expressões que remetem a um dado ou a uma verdade fundamental da fé. E nisso, precisamente, residem sua força e sua insuperabilidade, para além de formulações pontuais mais ou menos (in)adequadas e/ou discutíveis.

Essa questão tem sido retomada com muita força e criatividade pelo Papa Francisco. E a tal ponto que pode ser considerada como a característica ou a marca mais importante e determinante de seu ministério pastoral. Ela aparece formulada indistintamente em termos de "opção pelos pobres", "Igreja pobre e para os pobres", "periferias existenciais e sociais", "misericórdia", "cuidado dos pobres", entre outras expressões. E aparece como algo central na revelação, na fé, na pastoral e na teologia. Chama atenção o uso da expressão "Igreja pobre e para os pobres" no contexto de suas perspectivas e orientações pastorais. Isso apareceu já no encontro com os jornalistas no dia 16 de março de 2013, ao explicar a escolha do nome Francisco. Reaparece em sua Exortação apostólica *Evangelii Gaudium*, ao falar do "lugar privilegiado dos pobres no povo de Deus" (cf. EG, 198). E tem provocado uma retomada da centralidade dos pobres, marginalizados e sofredores na Igreja, formulada de diversas formas e com diversas expressões: Igreja dos pobres, opção pelos pobres, compromisso com os pobres, caridade, misericórdia, Igreja em saída para as periféricas etc. Mais que nos fixar em uma expressão ou formulação determinada, importa insistir na realidade a que essas muitas expressões ou formulações apontam: a centralidade dos pobres, marginalizados e sofredores na revelação, na fé e na teologia. E isso é muito mais tradicional do que se pensa, mesmo que a experiência da Igreja nas últimas décadas, sobretudo na América Latina, tenha alargado seu horizonte de compreensão e realização. É algo constitutivo da Igreja, sem o qual a Igreja deixa de ser Igreja.

B) Um dado fundamental da revelação e da fé

O compromisso com os pobres não é algo absolutamente novo na vida da Igreja. Não surgiu com o Concílio Vaticano II nem com a Conferência de Medellín e a teologia da libertação. Mesmo que não tenha sido sempre e em toda parte a preocupação central da Igreja, mesmo que se tenha dado muitas vezes de maneira ambígua e até contraditória e mesmo que tenha desempenhado papel secundário ou irrelevante na reflexão dogmática,[19] a preocupação

---

[19] O fato de a "opção pelos pobres" não ter desempenhado papel relevante e determinante na reflexão dogmática clássica se deve, em boa medida, ao fato de essa reflexão ter sido desenvolvida segundo os cânones e os termos da metafísica greco-helenista: uma metafísica voltada para a essência permanente e imutável das coisas e pouco afeita à historicidade. Só à medida que a teologia restabelece,

com os pobres sempre foi um aspecto importante da vida da Igreja. E isso se deve, em última instância, à centralidade que os pobres, marginalizados e sofredores ocupam na revelação e na fé cristãs, como se pode verificar na Escritura e em toda a Tradição da Igreja.

a) Escritura: se tem algo que não se pode negar nem ofuscar na *Sagrada Escritura* é a centralidade dos pobres e marginalizados na história da salvação. Deus aparece (revelação) como *Go'el* que resgata seus parentes da escravidão, como *Salvador* que liberta seu povo da escravidão e das garras do opressor, como *Rei* que faz justiça aos pobres e oprimidos, como *Pastor* que apascenta suas ovelhas e as protege dos lobos, como *Pai* que cuida de seus filhos e os socorre em suas necessidades. E a relação com ele (fé) passa sempre pela observância e defesa do direito do pobre e marginalizado, pela proximidade ao caído à beira do caminho. Todas as imagens ou metáforas que a Escritura usa para falar da ação de Deus e da interação entre Deus e seu povo (*Go'el*, Salvador, Rei, Pastor, Pai etc.) revelam a centralidade dos pobres e marginalizados, expressos no quarteto "pobre-órfão-viúva-estrangeiro". E tanto no Anti-

---

com o Concílio Vaticano II, a densidade teológica da *história da salvação* no povo de Israel e na vida/práxis de Jesus de Nazaré e passa a ser desenvolvida segundo *cânones e termos históricos*, é que recupera a centralidade e densidade teológico-dogmática dos pobres na teologia cristã e permite falar, em sentido estrido, da "opção pelos pobres" em termos dogmáticos.

go Testamento quanto no Novo Testamento. De modo que a salvação dos pobres e marginalizados constitui o coração da história de Deus com seu povo.

Já no Antigo Testamento, Deus se revela libertando Israel da escravidão (Ex 3,7ss; Dt 6,20ss) e defendendo o pobre, o órfão, a viúva e o estrangeiro (Jt 9,11); e a defesa e o cuidado dos pobres e marginalizados aparecem como exigência e como critério de fidelidade a Deus: seja através das regras e leis de proteção e socorro ao pobre, ao órfão, à viúva e ao estrangeiro; seja através dos profetas que denunciam a opressão e a injustiça dos reis e poderosos contra os pequenos e insistem na incompatibilidade entre culto e injustiça; seja como um traço fundamental da oração e da sabedoria judaicas. Isso perpassa toda a Escritura hebraica. Como exemplo, basta recordar com o profeta Miqueias o que é bom e agradável a Deus: "praticar o direito, amar a misericórdia, caminhar humildemente com o seu Deus" (Mq 6,8) e recordar com a tradição sapiencial a incompatibilidade entre culto e injustiça: "como quem imola o filho na presença do próprio pai, assim é aquele que oferece sacrifícios com os bens dos pobres. O pão dos indigentes é a vida dos pobres e quem tira a vida dos pobres é assassino. Mata o próximo quem lhes tira seus meios de vida e derrama sangue quem priva o operário de seu salário" (Eclo 34,20-22).

E o Novo Testamento não só conserva esse aspecto fundamental da tradição judaica, mas confere a ele ultimidade e definitividade, no contexto das expectativas e da chegada dos tempos messiânicos com Jesus Cristo e seu anúncio/ realização do reinado de Deus. Basta recordar, aqui, duas parábolas que explicitam de modo inequívoco o caráter e a função escatológicos dos pobres e marginalizados, conhecidas como a parábola do bom samaritano (Lc 10,25-37) e a parábola do juízo final (Mt 25,31-46). No primeiro caso, está em jogo nada menos que a *vida eterna*: "que devo fazer para herdar a vida eterna"? No segundo caso, está em jogo nada menos que o *julgamento das nações*: "Ele separará uns dos outros, como um pastor separa as ovelhas dos cabritos": benditos x malditos. E o critério é muito claro: fazer-se "próximo" dos caídos à beira do caminho e agir com misericórdia com eles; o fazer ou não fazer pelos "menores" ou "pequeninos". No fazer-se "próximo" dos caídos, no fazer ou não fazer pelos menores ou pequenos está em jogo, portanto, a "vida eterna", a benção ou a maldição, o "Reino dos céus" ou "fogo eterno".

b) Tradição: e isso perpassa toda a *Tradição* da Igreja,[1] como demostrou Bento XVI na segunda parte de sua Carta

---

[1] Cf. ANDRADE, Ir. Cristina Pena; FIGUEREDO, Dom Fernando Antônio. *Os padres da Igreja e a questão social*: homilias de Basílio Magno, Gregório de Nissa, Gregório Nazianzo, João Crisóstomo. Petrópolis: Vozes, 1986; GONZÁLEZ FAUS, José Ignacio. *Vigários de Cristo*: os pobres na teologia e espiritualidade cristãs. Antologia comentada. São Paulo: Paulus, 1996; ANTONIAZZI, Alberto; MATOS. Henrique Cristiano José. *Cristianismo*: 2000 anos de caminhada. São Paulo: Paulinas, 1996, p. 73-96.

encíclica *Deus caritas est*, sendo enfatizado particularmente pelos padres nos primeiros séculos e ao longo da história por santos e profetas:

– São Gregório de Nissa (335-394): Os pobres "nos representam a pessoa do Salvador. Assim é, porque o *Senhor, por sua bondade, lhes emprestou sua própria pessoa* a fim de que por ela comovam os duros de coração e inimigos dos pobres [...]. Os pobres são os despenseiros dos bens que esperamos, os porteiros do Reino dos céus, os que o abrem aos bons e o fecham aos maus e desumanos. Eles são, por sua vez, duros acusadores e excelentes defensores. E defendem ou acusam, não pelo que dizem, mas pelo mero fato de ser visto pelo Juiz. Tudo o que se fizer a eles grita com voz mais forte que dum arauto diante daquele que conhece os corações";[2]

– São João Crisóstomo (344-407): "Se quiser honrar deveras o corpo de Cristo, não consintais que esteja nu. Não o honreis aqui com vestes de seda, enquanto fora o deixais perecer de frio e nudez. Porque o mesmo que diz 'este é o meu corpo' é quem diz 'me vistes faminto e não me destes de comer' [...]. O que aproveita ao Senhor que sua mesa esteja cheia de vaso de ouro se ele se consome de fome?

---

[2] SÃO GREGÓRIO DE NISSA. Homilia sobre o amor aos pobres. In: SÃO GREGÓRIO DE NISSA apud GONZÁLEZ FAUS, José Ignacio, cit., p. 22-24, aqui p. 23.

Ou lhe vais fazer um copo de ouro e depois não lhe dar um copo de água? E de que serve se cobres seu altar de panos recamados de ouro e a ele não buscas nem sequer o abrigo indispensável?";[3]

– São Francisco de Assis (1182-1226): "Foi assim que o Senhor me conduziu a mim, Frei Francisco, iniciar uma vida de penitência: como estivesse em pecado, parecia-me deveras insuportável olhar para leprosos. E o Senhor mesmo me conduziu entre eles e tive misericórdia com eles. E enquanto me retirava deles, justamente o que antes me parecia amargo se me converteu em doçura da alma e do corpo. E depois disso demorei só bem pouco e abandonei o mundo";[4]

– Santo Tomás de Aquino (1225-1274): "É lícito furtar por necessidade?": "O que é de direito humano não pode derrogar ao direito natural ou direito divino. Ora, pela ordem natural, instituída pela providência divina, as coisas inferiores são destinadas à satisfação das necessidades dos homens. Por isso, a divisão e apropriação das coisas, as quais resultam do direito humano, não impedem que, servindo-se delas, se satisfaça às necessidades dos homens. Portanto,

---

[3] SÃO JOÃO CRISÓSTOMO. Sobre 1Cor. In: SÃO JOÃO CRISÓSTOMO apud GONZÁLEZ FAUS, José Ignacio, op. cit., p. 32s.

[4] SÃO FRANCISCO DE ASSIS. Testamento. In: *Escritos e biografias de São Francisco de Assis*: crônicas e outros testemunhos do primeiro século franciscano. Petrópolis: Vozes, 1996, p. 167.

os bens que alguns possuem em superabundância são devidos, em virtude do direito natural, ao sustento dos pobres. Daí o que Ambrósio diz e se acha nos Decretos: 'É dos famintos o pão que tu deténs, as roupas que tu guardas são dos que estão nus, o resgate e a libertação dos miseráveis é o dinheiro que tu enterras no chão'. Ora, sendo muitos os que padecem necessidade nem se podendo com uma mesma coisa socorrer a todos, é à iniciativa de cada um que caberá dispensar os próprios bens para vir em auxílio aos necessitados. Contudo, se a necessidade é de tal modo evidente e urgente, que seja manifesto que se deva obviar à instante necessidade com os bens ao nosso alcance, quando, por exemplo, é iminente o perigo para a pessoa e não se pode salvá-la de outro modo, então alguém pode licitamente satisfazer à própria necessidade utilizando o bem de outrem, dele se apoderando manifesta ou ocultamente. E esse ato, em sua própria natureza, não é furto ou rapina";[5]

– Frei Antônio de Montesinos (1475-1540): "Todos [espanhóis] estais em pecado mortal e nele viveis e morreis por causa da crueldade e tirania que usais com estas gentes inocentes. Com que direito e com que justiça tendes em tão cruel e horrível servidão estes índios? [...] Como os tendes oprimidos e fatigados sem lhes dar de comer nem curá-los em suas enfermidades em que incorrem pelos ex-

---

[5] TOMÁS DE AQUINO. *Suma Teológica*. II-II, q. 66, a.7, respondo.

cessivos trabalhos que lhes dais e morrem, dizendo melhor, os matais, para tirar e adquirir ouro cada dia? [...] Eles não são homens? Não têm almas racionais? Não sois obrigados a amá-los como a vós mesmos? Não entendeis isto? Não percebeis isto? [...] Tende certeza que no estado em que estais não vos podeis salvar";[6]

– São Vicente de Paulo (1581-1660): "Os pobres são nossos mestres, são nossos reis, devemos obedecê-los, e não é exagerado chamá-los assim, porque Nosso Senhor está nos pobres"; "Embora a oração seja extremamente necessária a uma Filha da Caridade, dir-vos-ei, contudo, que, sendo vossa principal função o serviço dos pobres, quando se trata de socorrê-los e haja receio de que a eles sobrevenha algum dano, se não forem prontamente atendidos, estareis obrigadas a deixar a oração. Mas ainda: se não houver outro tempo para atendê-los senão o da Missa, importa deixá-la, não só em dia comum, como também em dia de preceito [...], porque a assistência ao próximo foi prescrita por Deus mesmo e praticada por Nosso Senhor Jesus Cristo, enquanto a obrigação da Missa é uma determinação da Igreja";

---

[6] LAS CASAS, Bartolomeu. O Sermão de Montesinos. In: LAS CASAS, Bartolomeu apud MATOS, Henrique Cristiano. *Caminhando pela história de Igreja*: uma orientação para iniciantes. Belo Horizonte: Lutador, 1995, v. II, p. 111-112.

"Ah, seria preciso vender-nos a nós mesmos para arrancar nossos irmãos da miséria";[7]

– São Romero de América (1917-1980): os pobres "são o povo crucificado, como Jesus, o povo perseguido como o servo de Javé. São eles os que completam em seu corpo o que falta à paixão de Cristo";[8] "Há um critério para saber se Deus está perto ou distante de nós [...]: todo aquele que se preocupa com o faminto, com o desnudo, com o pobre, com o desaparecido, com o torturado, com o prisioneiro, com toda essa carne que sofre está perto de Deus [...] O que fazes ao pobre, fazes a Deus e a maneira como vês o pobre, assim estás vendo a Deus. Deus quis se identificar de tal maneira com o pobre que os méritos de cada um e de uma civilização serão medidos pelo trato que tenhamos para com o necessitado e o pobre".[9]

São apenas alguns indícios ou amostras da consciência da centralidade dos pobres e marginalizados na fé cristã ao longo da história da Igreja. Não é preciso multiplicar exemplos. E o fato de isso normalmente aparecer formulado em linguagem profético-sapiencial, homilético-pastoral ou até

---

[7] SÃO VICENTE DE PAULO. Conferências às Filhas da Caridade. In: SÃO VICENTE DE PAULO apud MATOS, Henrique Cristiano José. *Misericórdia*: o coração pulsante do evangelho. Belo Horizonte: Lutador, 2016, p. 166-169.

[8] ROMERO, Oscar. La dimensión política de la fé desde la opción por los pobres, cit., p. 188.

[9] Id. Quinto domingo del tiempo ordinário. In: *Su pensamento III*. San Salvador: UCA, 2000, p. 185-197, aqui p. 194s.

mesmo apocalíptica e não tanto em linguagem dogmática, de ser abordado e explicitado mais por pastores, santos e profetas que por teólogos sistemáticos, de aparecer mais ligado à vivência espiritual e à ação pastoral que à doutrina, não diminui nem compromete seu valor dogmático. Pelo contrário, mostra o profundo enraizamento espiritual e pastoral dessa verdade de fé ou desse dogma de fé. Não por acaso, o tema perpassa toda a Tradição da Igreja e tem sido retomado e formulado nas últimas décadas, em termos dogmáticos, pelo magistério e pelos teólogos como um aspecto ou uma dimensão fundamental da fé e da teologia cristãs, concretamente como um aspecto ou uma dimensão fundamental da Igreja, isto é, como uma nota eclesiológica fundamental.

c) Uma nota eclesiológica fundamental

O Concílio Vaticano II inaugura e marca decisivamente o processo de explicitação do estatuto eclesiológico-dogmático dessa dimensão fundamental de fé. É verdade que isso não esteve no centro das preocupações do concílio e que ocupa um lugar periférico nos debates e nos textos conciliares. Mas é verdade também que esse problema emerge no concílio não apenas como uma questão pastoral, mas também como uma questão dogmática constitutiva e determinante do mistério da Igreja. E isso já aparece claramente na intervenção do Cardeal Lercaro de Bolonha na última semana da primeira sessão do concílio, quando se discutia o projeto sobre a Igreja.[10]

No dia 4 de dezembro de 1962, o cardeal belga Suenens fez uma intervenção que foi decisiva tanto para o projeto sobre a Igreja quanto para os rumos do concílio em geral: "Antes de concluir esta primeira sessão, gostaria de propor aos padres conciliares, para sua atenta consideração, qual seria o objetivo primário deste concílio [...] convém que nos ponhamos de acordo sobre a elaboração de um plano de conjunto para o próprio concílio [...]. Este plano, eu proporia assim: que o concílio seja o concílio 'sobre a igreja' e tenha duas partes: *de Ecclesia ad intra – de Ecclesia ad extra*".[11] Essa proposta foi muito bem acolhida pelos padres conciliares, particularmente pelo Cardeal Montini, arcebispo de Milão, em sua intervenção no dia 5 de dezembro: "O que é a Igreja? O que faz a Igreja? Estes são os dois eixos em torno dos quais devem mover-se todos os temas do concílio. O mistério da Igreja e a missão que lhe foi confiada e que ela tem de realizar: eis aí o tema ao redor do

---

[10] Cf. PHILIPS, Mons. *A Igreja e seu mistério no II Concílio do Vaticano*: história, texto e comentário da Constituição *Lumen Gentium*. Tomo I. São Paulo: Herder, 1968, p. 9-18; ALBERIGO, Giuseppe. *Breve história do Concílio Vaticano II*. Aparecida: Santuário, 2006, p. 60-65; RAUSCH, op. cit., p. 29-33; CAMACHO, Ildefonso. *Doutrina Social da Igreja*: abordagem histórica. São Paulo: Loyola, 1995, p. 248ss.

[11] SUENENS, Leo Joseph apud CAMACHO, op. cit., p. 251.

qual deve girar o concílio".[12] É neste contexto que se insere a famosa intervenção do Cardeal Lercaro, a que nos referíamos há pouco, no dia 6 de dezembro.

Ele começa reforçando a tese de Suenens e de Montini de que a "finalidade deste concílio" deve ser uma "doutrina sobre a Igreja capaz de ir até aos fundamentos, além dos traços de ordem jurídica". Constata uma "lacuna" nos esquemas apresentados para a apreciação dos padres. Eles não levam em conta "o Mistério de Cristo nos pobres", e esta é uma verdade "essencial e primordial" na Revelação. Por isso, afirma: "concluindo esta primeira sessão de nosso concílio, importa-nos reconhecer e proclamar solenemente: não realizaremos de maneira suficiente nossa tarefa, não receberemos com um espírito aberto o plano de Deus e a expectativa dos homens se não colocarmos, como centro e alma do trabalho doutrinal e legislativo deste concílio, o mistério de Cristo nos pobres e a evangelização dos pobres". E continua: "Não satisfaremos às mais verdadeiras e profundas exigências de nosso tempo [...], mas nos furtaremos a elas, se tratarmos o tema da evangelização dos pobres como um dos numerosos temas do concílio. Se, na verdade, a Igreja, como já se disse muitas vezes, é o tema deste concílio, pode-se afirmar, em plena conformidade com a eterna verdade do Evangelho, e ao mesmo tempo em perfeito acordo com

---

[12] MONTINI, Giovanni Battista apud CAMACHO, op. cit., p. 251.

a conjuntura presente que: o tema deste concílio é bem a Igreja enquanto ela é, sobretudo, 'a Igreja dos pobres'". Em vista disso, propõe alguns assuntos doutrinais a serem abordados e desenvolvidos e algumas reformas pastorais e institucionais. E conclui falando do "primado da evangelização dos pobres" como "método autêntico" de anúncio do Evangelho, de restauração da unidade dos cristãos e de resposta aos homens do nosso tempo.[13]

Conforme indicamos antes, a propósito da expressão "Igreja dos pobres", a questão da relação Igreja-pobres não se impôs como algo central e decisivo nem nos debates nem nos textos conciliares. E, como diz Gustavo Gutiérrez, "estamos longe da proposta do Cardeal Lercaro de fazer da questão da 'Igreja dos pobres' (expressão não retomada no Vaticano II) o tema central do concílio".[14] Em todo caso, o tema aparece formulado pelo Cardeal Lercaro em termos dogmáticos como "uma verdade essencial e primordial da revelação", como algo que diz respeito ao "plano de Deus" e que está "em plena conformidade com a eterna verdade do Evangelho". E é retomado, ainda que de passagem, no primeiro capítulo da Constituição dogmática *Lumen Gentium*, ao tratar do "mistério da Igreja", e no primeiro capítulo do

---

[13] LERCARO, Giacomo apud GAUTHIER, Paul. *O Concílio e a Igreja dos pobres*, cit., p. 178-182.

[14] GUTIÉRREZ, op. cit., p. 33.

Decreto *Ad gentes*, ao tratar dos princípios doutrinais da atividade missionária:

– "Assim como Cristo consumou a obra da redenção na pobreza e na perseguição, assim a Igreja é chamada a seguir o mesmo caminho a fim de comunicar aos homens os frutos da salvação. Cristo Jesus, 'como subsistisse na condição de Deus, despojou-se a si mesmo, tomando a condição de servo' (Fl 2,6) e por nossa causa 'fez-se pobre embora fosse rico' (2Cor 8,9). Da mesma maneira a Igreja, embora necessite dos bens humanos para executar sua missão, não foi instituída para buscar a glória terrena, mas para proclamar, também pelo seu próprio exemplo, a humildade e a abnegação. Cristo foi enviado pelo Pai para 'evangelizar os pobres, sanar os contritos de coração' (Lc 4,18), 'procurar e salvar o que tinha perecido' (Lc 19,10). Semelhantemente a Igreja cerca de amor todos os afligidos pela fraqueza humana, reconhece mesmo nos pobres e sofredores a imagem de seu Fundador pobre e sofredor. Faz o possível para mitigar-lhes a pobreza e neles procura servir a Cristo" (LG, 8).

– "Jesus Cristo foi enviado ao mundo como verdadeiro mediador entre Deus e os homens [...] Ele que era rico tornou-se pobre por nós para que por sua pobreza nos enriquecêssemos. O Filho não veio para ser servido, mas para servir e dar a vida em redenção por muitos, isto é, por todos. Os santos padres proclamaram constantemente que não foi sanado o que não foi assumido por Cristo. Ora, ele assumiu toda a natureza humana tal qual se encontra em nós, míseros e pobres, exceto o pecado. Cristo, santificado pelo Pai e por ele enviado ao mundo (cf. Jo 10,36), disse de si mesmo: 'O Espírito do Senhor está sobre mim, eis por que me ungiu, enviou-me a evangelizar os pobres, curar os contritos de coração, pregar aos cativos a libertação e aos cegos restituir a vista' (Lc 4,18); e outra vez: 'Veio o Filho do Homem procurar e salvar o que se perdera' (Lc 19,10). E aquilo que o Senhor uma vez pregou e nele se realizou, pela salvação do gênero humano, deve ser proclamado e disseminado até os confins da terra, a começar por Jerusalém. Pois o que uma vez foi realizado pela salvação de todos deve pelo tempo a fora alcançar seus efeitos em todos" (AG, 3).

Essas intuições e esses esboços serão assumidos e desenvolvidos de modo particular pela Igreja da América Latina através das conferências do CELAM – Medellín, sobretudo – e da teologia da libertação. A partir daí, vão se impondo e sendo assumidos em alguma medida pelo magistério e pela teologia do conjunto da Igreja.

No que diz respeito ao magistério da Igreja, basta recordar que a "opção preferencial pelos pobres" tem sido constantemente afirmada e confirmada por bispos, por conferências episcopais e pelos bispos de Roma como algo essencial e fundamental na fé cristã. Na Carta encíclica *So-*

licitudo rei sociales, 1987, João Paulo II fala da "opção ou [do] amor preferencial pelos pobres" como um dos *temas* e uma das *orientações* "repetidamente ventilados pelo magistério nestes últimos anos" (SRS, 42). Na Carta encíclica *Deus caritas est*, 2005, Bento XVI fala da caridade como um dos "âmbitos essenciais" da Igreja. Ela "pertence tanto à sua essência como o serviço dos sacramentos e o anúncio do Evangelho" (DCE, 22). E no discurso inaugural da Conferência de Aparecida, afirma que "a opção preferencial pelos pobres está implícita na fé cristológica naquele Deus que se fez pobre por nós, para enriquecer-nos com sua pobreza (cf. 2Cor 8,9)".[15] E Francisco afirma na Exortação apostólica *Evangelii Gaudium* que "no coração de Deus, ocupam lugar preferencial os pobres" (EG, 197), que "esta preferência divina tem consequências na vida de fé de todos os cristãos" e que, "inspirada por tal preferência, a Igreja fez uma *opção pelos pobres*, entendida como uma 'forma especial de primado da prática da caridade cristã, testemunhada por toda a tradição da Igreja'" (EG, 198). Só para citar alguns exemplos.

Referindo-se explicitamente à Igreja, João Paulo II chega a afirmar em sua Carta apostólica *Novo Millennio Ineunte* que, "se verdadeiramente partimos da contempla-

---

[15] BENTO XVI. Discurso inaugural. In: CELAM. *Documento de Aparecida*. São Paulo: Paulinas/Paulus, 2007, p. 249-266, aqui, p. 255.

ção de Cristo, devemos saber vê-lo, sobretudo, no rosto daqueles com quem ele mesmo se quis identificar" e que Mt 25,31-46 "não é um mero convite à caridade, mas uma página de cristologia que projeta um feixe de luz sobre o mistério de Cristo. Nessa página, não menos do que faz com a vertente da ortodoxia, a Igreja mede sua fidelidade de esposa de Cristo" (NMI, 49). E Francisco, em sua Exortação apostólica *Evangelii Gaudium*, recorda que o "critério-chave de autenticidade" eclesial indicado a Paulo pelos Apóstolos em Jerusalém – não esquecer os pobres (Gl 2,10) – "tem uma grande atualidade no contexto atual em que tende a desenvolver-se um novo paganismo individualista" (EG, 195).

No que diz respeito à teologia, desde o Concílio Vaticano II foi se tornando cada vez mais comum e hegemônico pensar a Igreja em referência a Jesus Cristo a partir e em função da salvação ou do reinado de Deus. Isso se pode constatar já na Constituição dogmática *Lumen Gentium*, sobretudo em seu primeiro capítulo que trata do "mistério da Igreja".[16] E se pode constatar em muitos tratados ou estudos histórico-sistemáticos pós-conciliares sobre a Igreja.[17] E essa referência constitutiva e essencial da Igreja

---

[16] Cf. PHILIPS, op. cit., p. 75-144.

[17] Cf. SEMMELROTH, Otto. A Igreja como sacramento da salvação. In: FEINER, Johannes; LOEHRER. *Mysterium salutis IV/2*, cit., p. 81-122; MOLTMANN, Jürgen. *A Igreja no poder do Espírito*, cit.; CODINA, op. cit., p.

à salvação ou ao reinado de Deus permitiu redescobrir sua referência "essencial e primordial" aos pobres, para usar a formulação do Cardeal Lercaro.

De fato, os estudos bíblicos[18] e cristológicos[19] das últimas décadas têm mostrado de modo cada vez mais consen-

---

164-184; VELASCO, op. cit., p. 227-443; HAIGHT, Roger. *A comunidade cristã na história*: eclesiologia comparada. São Paulo: Paulinas, 2012, p. 434-462; KEHL, op. cit., p. 59-96; PIÉ-NINOT, op. cit., p. 27-51; KASPER, op. cit., p. 98-165; PANNENBERG, Wolfhart. *Teologia sistemática*. Santo André/São Paulo: Academia Cristã, Paulus, 2009, v. 3, p. 25-145; FUELLENBACH, John. *Igreja*: comunidade para o Reino. São Paulo: Paulinas, 2006; ALMEIDA, Antonio José. *Sois um em Cristo*. São Paulo: Paulinas, 2012.

[18] Cf. BORNKAMM, Günter. *Jesus de Nazaré*. Petrópolis: Vozes, 1976, p. 60-90; SCHNACKENBURG, Rudolf. *Reino y reinado de Dios*: Estudio bíblico-teológico. Madrid: Faz, 1974; id. Reino de Deus. In: BAUER, Johannes B. *Dicionário de teologia bíblica*. São Paulo: Loyola, 1988, v. II, p. 947-964; JEREMIAS, Joachim. *Teologia do Novo Testamento*. São Paulo: Hagnos, 2008, p. 159-193; KÜMMEL, Werner Georg. *Síntese teológica do Novo Testamento*. São Leopoldo: Sinodal, 1983, p. 21-108; FABRIS, Rinaldo. *Jesus de Nazaré*: história e interpretação. São Paulo: Loyola, 1988, p. 89-179; MATEOS, Juan. *A utopia de Jesus*. São Paulo: Paulus, 1994; GNILKA, Joachim. *Jesus de Nazaré*: mensagem e história. Petrópolis: Vozes, 2000, p. 83-153; VANONI, Gottfried; HEININGER, Bernhard. *Das Reich Gottes*. Würzburg: Echter, 2002; LÉON-DUFOUR, Xavier. *Agir segundo o Evangelho*: Palavra de Deus. Petrópolis: Vozes, 2003, p. 23-54; PETERSEN, Claus. *Die Botschaft Jesu vom Reich Gottes*. Aufruf zum Neubeginn. Stuttgart: Kreuz, 2005; MALINA, Bruce J. *O evangelho social de Jesus*: o reino de Deus em perspectiva mediterrânea. São Paulo: Paulus, 2004; PAGOLA, José Antonio. *Jesus*: aproximação histórica. Petrópolis: Vozes, 2011; LOHFINK, Gerhard. *Jesus de Nazaré*: O que Ele queria? Quem Ele era. Petrópolis: Vozes, 2015.

[19] Cf. PANNENBERG, Wolfhart. *Theologie und Reich Gottes*. Gütersloh: Gerd Mohn, 1971; BOFF, Leonardo. *Jesus Cristo libertador*. Petrópolis: Vozes, 1991, p. 38-59; SCHILLEBEECKX, Edward. *Jesus*: história de um vivente. São Paulo: Paulus, 2008, p. 99-263; GONZÁLEZ FAUS, José Ignacio. *Acesso a Jesus*: ensaio de teologia narrativa. São Paulo, Loyola, 1981, p. 34-46; KASPER, Walter. *Der Gott Jesu Christi*. Mainz: Grünwald, 1982, p. 205-216; RAHNER, Karl. *Curso fundamental da fé*. São Paulo: Paulus,

sual que não se pode falar de Jesus Cristo senão a partir e em função do reinado de Deus, e que no centro do reinado de Deus está a justiça aos pobres e marginalizados, isto é, a garantia e a defesa de seus direitos. Joachim Jeremias, por exemplo, afirma que "o tema central da proclamação pública de Jesus foi o reinado de Deus"[20] e que "seu traço decisivo" consiste na "oferta de salvação feita por Jesus aos pobres".[21] E Jacques Dupont, na mesma direção, afirma que nos Evangelhos "os pobres são vistos como os beneficiários privilegiados do Reino de Deus"[22] e que esse privilégio "deve ser procurado, não por uma análise gratuita da psicologia dos próprios pobres, mas no conteúdo da boa-nova que lhe é anunciada".[23] A boa notícia do reinado de Deus só pode ser compreendida em referência ao "ideal régio" do antigo Oriente Próximo, no qual "o rei, por sua própria

---

1989, p. 297-302; KESSLER, Hans. Cristologia. In: SCHNEIDER, Theodor. *Manual de dogmática I*. Petrópolis: Vozes, 2002, p. 219-400, aqui p. 242-247; SEGUNDO, Juan Luis. *A história perdida e recuperada de Jesus de Nazaré*. São Paulo: Paulus, 1997, p. 142-262; SOBRINO, Jon. *Jesus, o Libertador*: a história de Jesus de Nazaré. Petrópolis: Vozes, 1996, p. 103-201; MOLTMANN, Jürgen. *O caminho de Jesus Cristo*. Petrópolis: Vozes, 1994, p. 137-164; id. *Quem é Jesus Cristo para nós hoje?* Petrópolis: Vozes, 1997, p. 11-32; FERRARO, Benedito. *Cristologia*. Petrópolis: Vozes, 2004, p. 77-96; RATZINGER, Joseph. *Jesus de Nazaré*. São Paulo: Planeta, 2007, p. 57-70.

[20] JEREMIAS, op. cit., p. 160.

[21] Ibid., p. 176.

[22] DUPONT, Jacques. Os pobres e a pobreza segundo os ensinamentos do Evangelho e dos Atos dos Apóstolos. In: DUPONT, Jacques; GEORGE, Augustin et al. *A pobreza evangélica*. São Paulo: Paulinas, 1976, p. 37-66, aqui p. 37.

[23] Ibid., p. 51.

missão, é o defensor daqueles que não são capazes de se defender por si mesmos"; "ele é o protetor do pobre, da viúva, do órfão e do oprimido".[24] Nesse sentido, diz Dupont, "poder-se-á compreender perfeitamente que o anúncio do advento do Reino de Deus constitui uma boa-nova, precisamente para os pobres e para os desgraçados. Eles devem ser os beneficiados do Reino".[25]

Ora, na medida em que a Igreja é a comunidade dos seguidores e seguidoras de Jesus Cristo e na medida em que no centro da vida e missão de Jesus Cristo está o reinado de Deus, cuja característica mais central e decisiva é a garantia dos direitos dos pobres e marginalizados, a Igreja se constitui como "Igreja dos pobres", para usar a expressão do Papa João XXIII. O ser "dos pobres" aparece, aqui, como um aspecto "essencial e primordial" do "mistério de Cristo na Igreja" (Cardeal Lercado),[26] um dos "traços" essenciais da Igreja (Marie-Dominique Chenu),[27] "uma nota constitutiva e configurativa de toda a Igreja" (Ignacio Ellacuría),[28] uma dimensão "essencial da 'verdade' da Igreja" (Álvaro

---

[24] Ibid., p. 53.
[25] Ibid., p. 54.
[26] LERCARO, cit., p. 179.
[27] CHENU, Marie-Dominique. A Igreja dos pobres no Vaticano II. *Concílium* 124 (1977), p. 61-66, aqui p. 61.
[28] ELLACURÍA, Ignacio. Pobres. In: *Escritos teológicos II*, cit., p. 171-192, aqui p. 189.

Barreiro).[29] Trata-se, portanto, de uma questão dogmática, de uma verdade fundamental da revelação e da fé cristãs, de uma questão de ortopráxis eclesial e de ortodoxia teológica.[30] E é nesse sentido, precisamente, que falamos do "ser dos pobres" como uma *característica* ou *propriedade* ou *dimensão* ou *nota* fundamental da Igreja de Jesus Cristo: a Igreja que é e deve ser sempre mais "una, santa, católica e apostólica" (Concílio de Constantinopla em 381) é e deve ser sempre mais "dos pobres" (João XXIII). Essa nota é tão essencial e fundamental na Igreja quanto as demais e é tão antiga quanto elas, ainda que sua formulação em termos dogmáticos seja recente.

Aos poucos e em proporção e intensidade diversas, os estudos sistemáticos sobre a Igreja vão assumindo e integrando esse aspecto fundamental do mistério da Igreja e explicitando sua densidade teológico-dogmática: as abordagens históricas desenvolvendo a partir da América Latina um capítulo intitulado "Igreja dos pobres" ou Igreja da libertação;[31] e as abordagens sistemáticas tratando a "opção

---

[29] BARREIRO, Álvaro. *Os pobres e o Reino*: do Evangelho a João Paulo II, cit., p. 154.

[30] Cf. AQUINO JÚNIOR, Francisco de. Igreja dos pobres: sacramento do povo universal de Deus. Tópicos de uma eclesiologia macroecumênica da libertação, cit., p. 210.

[31] Cf. CODINA, cit., p. 185-213; VELASCO, cit., p. 422-443; WIEDENHOFER, Siegfried. Eclesiologia. In: SCHNEIDER, Theodor. *Manual de dogmática*. Petrópolis: Vozes, 2000, v. II, p. 50-142, aqui p. 85; HAIGHT, op. cit., p. 462-474.

pelos pobres" como uma dimensão constitutiva e essencial da Igreja,[32] a ponto de determinar e configurar, inclusive, as clássicas "notas eclesiológicas".[33]

Certamente, o ser *dos pobres* não esgota a realidade da Igreja. Afinal, a Igreja que é *dos pobres* é também e sempre *una, santa, católica* e *apostólica*, para usar a formulação do símbolo niceno-constantinopolitano. Mas essa é uma de suas notas constitutivas e essenciais. Sem ela, a Igreja deixa de ser Igreja de Jesus Cristo – seu corpo vivo e atuante na história. "Justamente porque a 'opção preferencial pelos pobres' pertence ao coração mesmo do Evangelho de Jesus Cristo, quando um 'cristão' [ou uma comunidade] não assume conscientemente a sua vida, procurando vivê-la com maior fidelidade, e mais ainda quando de fato se opõe a ela, quaisquer que sejam as razões aduzidas, ele [ela] deixa *ipso facto* de ser cristão, pois coloca-se em contradição frontal com o Evangelho do Reino proclamado por Jesus e com a mesma pessoa de Jesus que é, na expressão de Orígenes, a *autobasileia*, o Reino em pessoa".[34]

---

[32] Cf. MOLTMANN, Jürgen. *A Igreja no poder do Espírito*, cit., p. 114-116, 170-175; KEHL, op. cit., p. 36s, 80-82, 200-202, 219-224; PIÉ-NINOT, op. cit., p. 103s; KASPER, op. cit., p. 43s, 125s; ALMEIDA, op. cit., p. 140-146, 178-180; FRANÇA MIRANDA, Mário de. A Igreja como Povo de Deus. In: *A Igreja que somos nós*. São Paulo: Paulinas, 2013, p. 23-40, aqui p. 30ss.

[33] Cf. MOLTMANN, op. cit., p. 423-452; SOBRINO, Jon. A Igreja dos pobres, ressurreição da verdadeira Igreja. In: *Ressureição da verdadeira Igreja*, cit., p. 93-133.

[34] BARREIRO, op. cit., p. 8s.

De modo que, falar de "Igreja dos pobres" é falar de um aspecto ou de uma dimensão essencial da revelação e da fé cristãs, enquanto determinante do mistério da Igreja. É falar de uma verdade fundamental da fé. É falar de uma questão dogmática no sentido mais autêntico e forte da palavra. E, aqui, precisamente, residem a força e a autoridade teológico-dogmática da insistência de Francisco na centralidade dos pobres, marginalizados e sofredores na Igreja, o que nos leva a falar da "Igreja dos pobres" como uma "nota eclesiológica fundamental".

SUMÁRIO

Introdução 7

1. "Uma igreja pobre e para os pobres". Abordagem teológico-pastoral na Exortação apostólica Evangelii Gaudium 9

2. "Igreja *dos* pobres". Uma nota eclesiológica fundamental 21